www.damca.de

Fotos: Michael Zapf
(mit Ausnahme S. 18, 22, 26, 48)

Titel: bearbeitete Illustration auf der Basis eines Standstills aus „Not just a man - a mason"

Herstellung Books on Demand, Norderstedt

ISBN: 978-3-910853-08-9

Die Deutsche Nationalbibliothek verzeichnet diese Publikation in der Deutschen Nationalbibliografie; detaillierte bibliografische Daten sind im Internet über dnb.de abrufbar.

Walter Plassmann

Freimaurer werden!

Informationen für Interessierte

Walter Plassmann

Freimaurer werden!

Informationen für Interessierte

DAMCA

Begrüßung

Sehr geehrter Interessent,

vielen Dank für Ihr Interesse an der Freimaurerei. Sie haben dieses kleine Buch von einer Freimaurerloge erhalten oder selbst bezogen, weil Sie sich über die Freimaurerei informieren wollen.

Sehr gerne kommen wir diesem Wunsch nach. Sie erfahren auf den folgenden Seiten, wo die Freimaurerei herkommt, welche Ziele sie verfolgt, was das einzelne Mitglied erwarten kann und warum diese alte Bruderschaft noch immer modern ist und gerade in der heutigen Zeit helfen kann, das Leben besser zu meistern.

Aber – wie Sie wahrscheinlich schon vermutet haben – müssen wir bei dieser Darstellung Grenzen beachten. Das hat nichts mit „Geheimniskrämerei" zu tun oder damit, künstlich Spannung aufrechterhalten zu wollen. Es liegt im Wesen der Freimaurerei begründet.

Freimaurerei lebt vom Persönlichen, vom Erleben, vom Dabeisein. Freimaurerei mit Worten zu erklären, ist nur sehr bedingt möglich. Natürlich haben wir es versucht und, so gut es geht, eine Darstellung darüber gegeben, was Freimaurerei ist. Aber dies kann immer nur eine Krücke darstellen.

„Freimaurerei ist Tat", hat es einmal ein ehemaliger Großmeister der Freimaurer sehr treffend zusammengefaßt. Freimaurerei wendet sich an jeden einzelnen ganz individuell. Das Erleben in der Loge, im Ritual, im Bruderkreis ist das Zentrum. Es geht um das Wachsen der eigenen Persönlichkeit, um den Weg zu größerer Zufriedenheit und schlußendlich um die Antwort auf die Frage nach dem Sinn des Lebens sowie der Vorbereitung auf den Schritt, der uns allen bevorsteht, auf den Tod.

Dies ist übrigens das Geheimnis der Freimaurerei – und ihr einziges Geheimnis: unsere Riten, unsere Arbeit und unser ganzes Streben wirkt auf jeden Freimaurer individuell. Bei uns gibt es keine Dogmen, keine Vorschriften und keine Lehrsätze. Dafür arbeiten wir alleine und gemeinsam daran, „vollkommen" zu werden – also unsere Anlagen voll auszubilden. Jeder auf seinem Weg, jeder nach seinem Tempo und jeder nach seinem Maß.

Freimaurerei ist eine kleine Welt mit eigenen Gesetzen und Bräuchen. Sie versucht, ein Ideal herzustellen, an dem wir uns individuell orientieren können. Sie haben an die Pforte unserer kleinen Welt geklopft und gerne führen wir Sie in den Vorraum. Vielleicht haben Sie ja später Lust, das ganze Gebäude kennenzulernen.

P.S. Und die Frauen?

Dies kleine Schrift basiert auf der traditionellen Freimaurerei. Aus diesem Grund richtet sie sich in erster Linie an Männer und ist auch entsprechend formuliert. Aber natürlich gibt es auch Frauenlogen und Frauen, die an der Freimaurerei Interesse haben. Alles Grundsätzliche, das in diesem Buch zur Freimaurerei gesagt wird, gilt auch für Frauenlogen. Für alles Spezielle fehlt dem Autor die Kenntnis. Weiterführende Links sind im Anhang dieses Buches aufgeführt.

Inhalt

Was ist Freimaurerei? Ein Überblick

Freimaurerei ist kein geschützter Begriff. Jede Gruppe, jeder Mensch kann sich Freimaurer nennen. Deshalb gibt es eine selbst für Kenner unüberschaubare Anzahl von Gruppierungen, die sich als Freimaurer verstehen und bezeichnen.

Ein wenig Orientierung bieten die „Großlogen". Das sind Zusammenschlüsse einzelner Logen, die sich verpflichtet haben, bestimmte Regularien einzuhalten. Großlogen bieten in der Regel die Gewähr einer grundsätzlichen Seriosität; deshalb bezeichnen sich die Logen, die einer Großloge angehören, als „regulär". Selbständige Logen, die nach eigenen Regeln arbeiten, werden „Winkelloge" genannt.

Dies bedeutet übrigens nicht automatisch, dass in diesen „Winkellogen" unseriös gearbeitet oder Scharlatanerie betrieben würde. Was dort im Mittelpunkt der Arbeiten steht, wie dort ein Ritual zelebriert wird, was von einem Mitglied erwartet wird, ist Außenstehenden aber nicht bekannt. Deshalb hilft im Falle, dass Sie eine „Winkelloge" interessiert, nur das eigene Erleben.

Die weltweit wichtigste Großloge ist die Vereinigte Großloge von England (GLvE). Ihr gehören Logen aus allen Ländern der Erde an, in denen Freimaurer arbeiten dürfen. In Deutschland ist dies die Großloge der Alten Freien und Angenommenen Maurer (AFuAM). Die ihr angeschlossenen Logen haben die Regularien der GLvE anerkannt.

Die Grundzüge dieser Regularien stammen aus dem 18. Jahrhundert. Sie legen in einem eher großzügigen Rahmen fest, wie Logen zu arbeiten haben, dass sie keine parteipolitischen oder kirchlichen Ziele verfolgen sollen und dass Brüderlichkeit und Nächstenliebe die vornehmsten Pflichten eines Freimaurers sind.

Innerhalb dieser Regularien hat sich eine Vielzahl von Logen und Logensystemen entwickelt. So gibt es Logen, die ihren Arbeitsschwerpunkt mehr auf die aufklärerische Seite der Freimaurerei legen, andere pflegen eher die mystischen Aspekte der Freimaurerei. Daneben gibt es weitere Großlogen, in Deutschland vor allem die christlich orientierte „Große Landesloge“ (GLL), auch „Orden“ genannt. Im Kapitel „Wie finde ich eine passende Loge“ stellen wir die wichtigsten Systeme vor.

Allen „regulären“ Logen gleich ist der Ansatz, den Mitgliedern zu helfen, ihre Persönlichkeit zu entwickeln. Hierzu bedienen sich Freimaurer eines großen Schatzes von Symbolen, denn die Arbeit am eigenen Selbst (in freimaurerischen Worten: an seinem rauhen Stein) gehorcht nicht strikten Vorgaben, Ideologien oder Dogmen, sondern spricht jedes Mitglied individuell an.

Symbole enthalten uralte Weisheit – aber nicht als vorgefertigtes Wissen, sondern als Angebot, auf das jeder anders reagiert. Das Wort „Symbol“ stammt aus dem Griechischen („symbollein“) und bedeutet „zusammenfügen“. Wahrscheinlich wurde es von einem Brauch der Handelsleute übernommen: Diese brachen bei Abschluß eines Geschäftes eine Tonscherbe in zwei Teile; beide Seiten erhielten je eine Hälfte. Wurde die vereinbarte Ware geliefert, legitimierte sich der Bote mit dem passenden Tonteil.

Symbole funktionieren bis heute auf diesem Weg. Was das Kreuz, was ein Pentagramm oder eine Kerze für den Einzelnen bedeutet, kann nur er selbst erfahren. Er muß versuchen, in seinem Inneren die passende „Scherbe“ zu finden, die das Symbol in ihm wirksam werden läßt.

Die meisten Symbole der Freimaurer sind aus der Steinmetzzunft entlehnt. Das wichtigste ist der „rauhe Stein“, der geglättet werden muß, damit er in einer Mauer verbaut werden kann. Deshalb müssen „die Ecken und Kanten abgeschlagen“ werden, damit sich der Stein einfügen kann. Mit diesem Symbol sind die unterschiedlichen Temperamente der Menschen gemeint. Diese sollen auf ein sozialverträgliches Maß zurückgeführt werden, auf dass der Mensch ein Teil des „Tempels der Humanität“ werden kann – dem großen Ziel der Freimaurer.

Diese Symbolarbeit erfolgt einerseits intellektuell über Vorträge und Unterricht (denn Symbole und Symbolsysteme haben auch objektive Elemente, deren Kenntnis den Umgang mit ihnen deutlich erleichtert). Vor allem aber nutzen Freimaurer die Symbole in den Ritualen – das einzigartige Erbe, das sie pflegen und in Ehren halten. Rituale sind fest vorgegebene, nicht veränderbare Handlungs-Abläufe, begleitet von einer symbolhaften Sprache. Das Erleben dieses immer gleichen Rituals versetzt die Teilnehmer in die Lage, über die Symbole und ihre persönliche Beziehung zu ihnen und zu ihrem Leben Kenntnis zu erlangen – intellektuelle Kenntnis, aber vor allem „Herzensbildung“, also das eher unbewußte Wachsen zu einer reifen Persönlichkeit.

Dieser Effekt ist Außenstehenden nicht zu erklären, weil er sich im Inneren jedes Mitglieds abspielt. Er ist das Geheimnis der Freimaurerei.

Was ist der Ursprung der Freimaurerei?

Die Auseinandersetzung über die Frage, wo die Freimaurerei ihren Ursprung hat, füllt ganze Bibliotheken. Da es keine „geschützte" Freimaurerei gibt und da der Bruderbund mit nicht Faßbarem wie Mythen und Symbolen arbeitet, sind Spekulationen Tür und Tor geöffnet.

Nun mag es spannend sein, die Wurzeln der Freimaurerei in den ägyptischen Mysterien zu finden oder noch früher in der Menschheitsgeschichte. Auch lassen sich ganze Abende mit der Frage bestreiten, ob die moderne Freimaurerei ein direkter Ableger der Ritterorden des Mittelalters sind.

Aber dies alles trifft nicht den Kern der freimaurerischen Geschichte. Auch diese spielt sich nämlich nicht im Äußeren ab, sondern im Inneren. Freimaurerei ist entstanden und sie lebt weiter, weil sie ein Bedürfnis der Menschen ist. Und das war in allen Zeiten so. Deshalb gibt es zwei Traditionen der Freimaurerei – eine „exoterische" und eine „esoterische", also eine, die sich an äußeren, geschichtlich belegten Handlungen orientiert und eine andere, die das Wesen und die Entstehung der Freimaurerei aus dem Inneren herleitet.

Vielleicht waren Sie schon bei dem „Gästeabend" einer Loge gewesen. Wenn ja, dann wird Ihnen aufgefallen sein, dass die Brüder zwar aus den unterschiedlichsten gesellschaftlichen Zusammenhängen kommen und auch vom Alter her sehr bunt gemischt waren, dass es aber in der Regel keine sehr jungen Männer waren. Das geht allen Freimaurerlogen so. Das ist auch kein Makel, sondern Konsequenz daraus, womit sich die Freimaurerei beschäftigt und ist damit auch der Grund, warum es diese Bruderschaft überhaupt gibt: Sie versucht, den Sinn des Lebens und vor allem des Todes zu verstehen. so gut es eben geht.

Der junge Mensch muß erst einmal in der Welt ankommen. Er durchläuft eine Ausbildung, faßt in einem Beruf Fuß, gründet eine

Familie, baut vielleicht ein Haus. Läuft alles ohne große Komplikationen, sind die Dinge des Lebens bis Mitte 40, 50 einigermaßen im Lot. Und dann kommt die große Frage nach dem Warum: Was kommt jetzt? Warum sind wir auf der Welt? Wo kommen wir her? Wohin werden wir gehen?

Eigentlich sind diese Fragen während des gesamten Lebens präsent. Sie wurden allerdings in jungen Lebensjahren in den Hintergrund gedrängt, weil Dringlicheres zu erledigen war. Nimmt diese Dringlichkeit ab, haben die essentiellen Fragen wieder die Chance, wahrgenommen zu werden. Viele Menschen stürzen sich dann gerne in äußere Aktivitäten: Sport, Reisen, ein intensiv gelebtes Hobby. Damit lassen sich die Fragen wieder in den Hintergrund drängen. Aber sie bleiben.

Die Freimaurerei hat als Teil einer überlieferten Kette, deren Anfang nicht zu ergründen ist, ein System aufgebaut, das die Bearbeitung der Fragen ermöglicht, ohne dass dem Einzelnen eine bestimmte Sichtweise vorgeschrieben wird. Ihm werden lediglich Werkzeuge und Pläne an die Hand gegeben, mit denen er selbst versuchen kann, Antworten zu finden – Antworten, die nur für ihn passen und die auch nur er wird finden können.

Die Freimaurer glauben, dass die Welt und ihre Geschöpfe nicht durch blind waltenden Zufall, wie es in einem Ritualtext heißt, entstanden sind. Sie stehen in Beziehungen untereinander und sie unterliegen Gesetzmäßigkeiten, die in der Transzendenz zu verorten sind. Freimaurer erforschen diese kosmischen Gesetze und lernen, wie sie in der Welt wirken.

Parallel dazu müssen sie auch den jeweils eigenen Kosmos kennenlernen, also das Selbst. Welche Eigenschaften zeichnen jeden Einzelnen aus, welche Stärken besitzt er, welche Schwächen hindern ihn? Und dann gilt es, den eigenen, kleinen, persönlichen Kosmos auszurichten auf den großen Kosmos. Freimaurer versuchen, im Einklang zu leben mit den großen Weltgesetzen.

Dieser Wunsch, im Einklang zu leben mit der Welt, die einen umgibt, hat die Menschen angetrieben, seit sie auf der Erde existieren. Auf diese Weise haben sie den Rhythmus der Jahreszeiten kennengelernt, den Lauf der Sterne und vor allem das ewige Gesetz des „Stirb und Werde“, das sie in der Natur beobachten konnten. Im Laufe der Jahrtausende ist so ein Bild von Gesetzmäßigkeiten entstanden, das dem Leben Sinn und Richtung geben kann.

Und das ist der Ursprung der Freimaurerei jenseits aller mehr oder minder belegter historischer Tatsachen. Die Bruderschaft hat Kenntnisse, Fertigkeiten und Mythen zusammengetragen, die helfen sollen, den Weg durch das Leben zu finden, seinen Sinn jenseits von Karriere und Hobby zu ergründen und vor allem das Ende des Lebens nicht still leidend zu erwarten, sondern sich aktiv mit ihm auseinanderzusetzen und ihm damit den Schrecken zu nehmen.

All' dies geschieht nicht einsam im stillen Kämmerlein, sondern in einer Bruderschaft, in der alle Mitglieder durch diese Ziele vereint sind. So verschieden die Herkünfte der Brüder auch sind, so unterschiedlich die Charaktere, so verfolgen sie doch alle das gleiche Ziel, auch wenn es für jeden individuell anders aussieht. Die Freimaurer haben hierfür ein schönes Symbol: die Wasserwaage. Alle Brüder stehen auf dieser Waage, die im Ritual „Winkelwaage“ heißt, alle stehen auf derselben Ebene.

Das bedeutet aber auch, dass niemand alleine geht. Er ist geborgen in der Bruderschaft, die ihm Hilfe, Schutz und Verschwiegenheit garantiert. Und ihm wird als wichtigstes Werkzeug das Ritual angeboten, in dem jeder Bruder die größten Fortschritte machen kann.

CONSTITUTIONS
Free and Accepted Masons.

Wo kommt die Freimaurerei her?

Neben der inhaltlichen Begründung für die Existenz der Freimaurerei hat sie sich natürlich auch eine irdische Tradition gegeben. Es ist die Tradition der Steinmetze.

Auch hierüber gibt es viele Erklärungen und Spekulationen. Wahrscheinlich ist, dass es nicht die eine „richtige" Geschichte gibt, sondern dass viele Stränge zusammenkamen, bis die erste Großloge moderner Prägung im Jahr 1717 gegründet wurde. Dies entspricht auch der inhaltlichen Herleitung: in einer Welt, die keine Vernetzung kannte wie die heutige, entstanden gleichgerichtete Strömungen an vielen Orten, ohne dass diese voneinander gewußt hätten, weil die „Zeitqualität" entsprechend förderlich war. Mit anderen Worten: es lag in der Luft.

Die Steinmetz-Zunft ist wahrscheinlich deshalb als Ausgangspunkt ausgewählt worden, weil unter den Handwerkszünften keine mehr Freiheiten besaß. Während die Zunftordnungen nahezu aller Handwerker eine Ortsgebundenheit vorschrieben, durften Steinmetze wandern und überall arbeiten, wo man ihnen Arbeit anbot.

Dies hing auch damit zusammen, dass die Steinmetze, vor allem in der Zeit der Gotik, die wichtigsten Bauleute waren. Sie waren Architekten, Tragwerksplaner, Bauleiter und Maurer in einer Person. Ihre Genialität und ihr Wagemut hat die imposanten gotischen Kathedralen geschaffen, die wir noch heute bewundern.

Deshalb hatten sie viele Privilegien – nicht nur das Recht, „umherzuziehen", sondern auch inhaltliche Freiheiten. So konnten sie in ihren „Bauhütten", also den Räumen, in denen sie arbeiteten, planten, ausbildeten und teilweise lebten, recht frei agieren.

Als das Zeitalter der großen Kirchenbauten zu Ende ging, drohte der stolzen Zunft die Arbeitslosigkeit. Dann brannte London (1666) und es bedurfte Heerscharen von Handwerkern, um die

Stadt wieder aufzubauen. Die Steinmetze zogen vom Kontinent an die Themse.

Dort nahmen sie ihre Traditionen wieder auf – auch die der Bauhütten inklusive der damit verbundenen (Rede-)Freiheiten. Das zog auch Menschen an, denen es mehr um die Rede- und Gedankenfreiheit ging als um handwerkliche Arbeit. So entstanden Kreise, in denen viel offener gesprochen werden konnte, als außerhalb der Bauhütte.

Diese Menschen wurden irgendwann symbolisch in die Zunft aufgenommen („angenommen"). Viele der Bauhütten blieben deshalb erhalten, auch wenn gar kein Bauwerk mehr zu errichten war. In der aufkommenden Zeit der Aufklärung spielten diese „Debattierklubs" eine wichtige Rolle.

Im 18. Jahrhundert gaben sich einige dieser Gruppen eine neue Struktur, die aber die Herkunft nicht verleugnen sollte. Sie nannten sich „Maurer" oder „Freimaurer" – wobei dem Zusatz „frei" sehr bewußt viele Deutungen gegeben werden konnten. 1717 schlossen sich vier Logen in London zur ersten Großloge (Großloge von London und Westminster) zusammen, aus der sich dann die Großloge von England entwickelte. Damit beginnt die offizielle moderne Freimaurerei.

Sie nahm viele Elemente der operativen Maurerei und formte sie zu Symbolen um. So mußten sich beispielsweise Handwerker, wenn sie in einer fremden Bauhütte um Arbeit nachsuchten, ausweisen. Da es noch keine Papiere gab, ging dies mit Hilfe von Zeichen und Worten, die nur der Geselle oder Meister kannte. Nach bestandener Prüfung konnte der Handwerker in der Bauhütte arbeiten.

Die „spekulativen" Freimaurer nutzen dieses Legitimationssystem bis heute. Vieles mehr nahmen sie aus dem Steinmetzhandwerk und fügten es zu einem stimmigen Bild aus vielen Symbolen und symbolischen Handlungen zusammen. Bis auf den heutigen Tag haben sich diese Elemente erhalten. Sie mögen auf der weltlichen Baustelle keine Rolle mehr spielen – im symbolischen „Bau des Tempels der Humanität" sind sie weiterhin im Einsatz.

Was machen die Freimaurer?

Freimaurer treffen sich zur „Arbeit“ – egal, welchen Inhalt die Versammlung auch hat. Ob sie im Tempel sitzen und ein Ritual zelebrieren, ob sie in einem Kolloquium über ein maurerisches Thema sprechen oder ein Thema maurerisch beleuchten – selbst wenn sie sich zum gemütlichen Beisammensein treffen. Immer gehen sie „zur Arbeit“.

Dies ist zum einen dem Rückgriff auf die „operative“ Maurerei geschuldet. Damit bekennt man, dass man sich dieser Tradition verpflichtet fühlt. Zum anderen macht man sich damit aber immer auch bewußt, dass Freimaurerei mehr ist als bloßer Zeitvertreib. Ganz im Gegenteil soll die Zeit nicht vertrieben, sondern sinnvoll genutzt werden. Auch hierfür hat die Freimaurerei ein wichtiges Werkzeug – den 24-zölligen Maßstab.

Um sich in der kleinen Welt der Freimaurer bewegen zu können, um ihren großen Schatz angemessen nutzen zu können, muß der frisch gebackene Bruder einiges lernen – ganz klassisch durch Wissensvermittlung. Da gilt es auf der einen Seite die Begriffe, Gebräuche und Interna des freimaurerischen Kosmos kennen zu lernen. Dies geschieht in der Regel durch einen „Unterricht“, der in den Logen oder Logen-übergreifend angeboten wird.

Aber das ist nur das Äußere. Es ist nur wichtig, um sich im freimaurerischen Kosmos richtig bewegen und ihn umfänglich nutzen zu können. Wichtiger ist das inhaltliche Wissen – und das kann nur rudimentär über Unterricht vermittelt werden.

Zwar lernen die Freimaurer die großen, alten Weisheiten kennen wie das Spiegelgesetz, das hermetische Prinzip des „Oben wie Unten“, die Dualität, die unsere Welt beherrscht. Freimaurer trainieren sich an, nichts mehr als zufällig anzusehen, sondern als etwas, das mit Grund geschehen ist. Sie lernen zu akzeptieren, dass alles, was auf der Welt existiert, auch immer sein Gegenteil hat – und haben muß, denn Weltliches ist immer dual. Es gibt in unserer Welt nichts, das nicht aufgespalten wäre.

Auf diese Weise lernen sie die Welt jenseits der Wissenschaft kennen. Die hermetischen Gesetzmäßigkeiten weisen auf die inneren Zusammenhänge hin, die man immer wieder bemerken kann, wenn man aufmerksam durchs Leben geht und sich der Vorurteile entledigt. Geschehnisse, denen man sich zuvor noch wie ausgeliefert vorkam, Enttäuschungen, die zugefügt wurden – sie werden leichter verarbeitbar, wenn sie in das große Ganze gestellt werden. Selbst Schicksalsschläge enthalten eine Botschaft, die man verstehen lernen kann.

Damit sind sehr wichtige Voraussetzungen geschaffen: die äußeren und inneren Zusammenhänge der großen Welt wie der kleinen freimaurerischen Welt sind erkannt. Dieses Erkennen ist unerläßlich, um sich weiter zu entwickeln. Aber es ist natürlich nur die Basis.

Genauso wichtig wie das Kennenlernen dessen, was die Erde in ihrem Innersten zusammenhält, wie es Johann Wolfgang von Goethe in „Faust“ so treffend zusammengefaßt hat, ist es aber, sich selbst kennenzulernen. Auch hierzu gibt es eine Vielzahl von Möglichkeiten. Jeder Bruder soll den Weg finden, der am besten zu ihm paßt.

Der eine wird in der Astrosophie die Antworten finden – also auf der Basis seines Geburtshoroskopes Stärken und Schwächen erkennen, aber vor allem auch Lebensziele und –aufgaben jenseits weltlicher Dinge. Der andere vertieft sich in Entsprechenslehren, also der analogen Schau. Der Dritte geht die Sache eher psychologisch an. Wie auch immer, am Ende steht das Wissen über seinen eigenen Charakter, seine Stärken, seine Schwächen, seine Lebensziele, seine Schatten. Er weiß nun, warum er so und nicht anders in die Welt gestellt wurde.

Nun muß das eine mit dem anderen verbunden werden. Die Arbeit an den eigenen Schwächen und Schatten geschieht vor den Gesetzmäßigkeiten des Kosmos. Der Fortschritt kann daran abgelesen werden, wieviel Widerstand zu überwinden ist – wenn die Vorhaben leichtfallen, dürfte man auf dem richtigen Weg sein. Wenn es Probleme über Probleme gibt, sollte man innehalten und alles noch einmal überprüfen.

Die Freimaurerei selbst hält sich bei dieser Arbeit im Hintergrund. Sie bietet nur den Rahmen, in dem der Bruder sich selbst weiterentwickelt. Sie gibt ihm Hilfe in Form einer Vielzahl von Symbolen und vor allem der Rituale. Die Symbole zeigen ihm das Ziel seiner Arbeit an: Er soll sich selbst vervollkommnen und damit ein wichtiges Glied der Menschheit werden oder, im Freimaurer-Sprech, ein Baustein im Tempel der Humanität.

Wenn er also mit dem rechten Winkel – einem der zentralen freimaurerischen Symbole – konfrontiert wird, dann soll ihn das gemahnen an das rechte Tun, an eine offene und nachvollziehbare Handlungsweise; wer sich rechtwinklig bewegt, der eiert nicht herum, der hat ein klares Ziel und sendet klare Botschaften.

Solche Symbole besitzt die Freimaurerei in Unmengen. Sie stehen vielfach im Zusammenhang mit den Bauzünften, aus denen sich die spekulative Freimaurerei entwickelt hat. Sie weisen aber auch eine Tradition aus, die sich im Nebel der Mystik verliert. Deren Alter läßt sich häufig nicht erforschen. Alle mystischen Gemeinschaften aller Zeitalter haben mit diesen Symbolen gearbeitet. Sie sind universell.

Für diese Arbeiten haben die Logen unterschiedliche Formen entwickelt. Alle zelebrieren Rituale (wenn auch nicht alle dieselben), viele bieten „Kolloquien" an, oft auch „Werkabende" geheißen, in denen Wissen vermittelt und besprochen wird. Daneben gibt es brüderliche Abende, in denen kein festes Thema vorgegeben ist oder gesellige Zusammenkünfte. Aber immer gehen die Brüder „zur Arbeit".

Wobei jetzt nicht der Eindruck entstehen sollte, dass Freimaurer-Zusammenkünfte schweißtreibende, hochintellektuelle und todernste Veranstaltungen sind. Ganz im Gegenteil. Freimaurerei ist fröhlich. Die Gemeinschaft der Brüder zu erleben, macht Freude und durchbricht die Routine des Alltags. So ist es „Arbeit" im besten Sinne: sie nützt, hilft weiter und macht auch noch Spaß.

Wie finde ich die passende Loge?

Freimaurerei ist vielschichtig. Gerade, weil es keine Dogmen gibt, haben sich eine Unzahl von Logen und Lehrarten herausgebildet, die selbst Kenner der Materie kaum überblicken. Die Auswahl ist also nicht ganz einfach, wenn es mehrere Logen in einer Stadt gibt. Wenn sich also selbst Kenner schwertun – wie soll dann ein Außenstehender herausfinden, welche Loge zu ihm paßt?

Wie bei allem, das wir modernen Menschen so anstellen, kommt natürlich zunächst das Internet ins Spiel. In der Tat hat mittlerweile jede Loge eine Homepage. Der können Sie in der Regel entnehmen, welcher Lehrart die Loge angehört und wann und wo sie arbeitet. Meistens finden Sie auch grundsätzliche Aussagen zur Freimaurerei und zur Geschichte der betreffenden Loge. Für die erste Orientierung ist diese Recherche recht hilfreich.

Denken Sie daran, auch in den Nachbarorten zu suchen. Eine komplette Liste aller Logen finden Sie über der Homepage der Großlogen (Erläuterungen und Links im Anhang).

Nach diesem ersten Schritt sollten Sie die weiteren gut vorbereiten. Hierfür haben wir im Folgenden ein paar Hinweise für Sie zusammengefaßt. Sie sind für jeden Fall gedacht, auch für den, dass es keine Logen-Auswahl gibt, weil an Ihrem Ort nur eine Freimaurer-Loge existiert.

Der erste Schritt: GLL oder AFuAM?

Konzentrieren wir uns auf die größten Strömungen in der Freimaurerei – die christlich ausgerichtete Freimaurerei der Großen Landesloge (GLL) und die humanitär ausgerichtete Freimaurerei der Alten Freien und Angenommenen Freimaurer (AFuAM). Natürlich gibt es noch weitere Lehrgebäude und Großlogen, aber diese sind häufig nur regional vertreten. Adressen und Erläuterungen hierzu finden sie im Anhang dieses Buches.

An dieser Stelle liegt die erste wichtige Kreuzung auf dem Weg in die Freimaurerei: wer die Freimaurerei in einem festen christlichen Kontext leben möchte, ist beim „Orden" am besten aufgehoben. Dieser verlangt von jedem Interessenten, dass er sich zum Christentum bekennt. Wohlgemerkt: zum Christentum, nicht zu einer Kirche!

Der Orden stützt seine Symbolik stark auf die Bibel, vor allem das Alte Testament. Er hat als „Obermeister" Jesus eingesetzt, den er als vollkommenen Menschen ansieht, aber nicht als Gott. Als Orden sind die Logen in der GLL strikt hierarchisch organisiert.

Die Alten Freien und Angenommenen Maurer sehen sich in der eher humanitär-auf¬klä¬re¬ri-schen Tradition der Freimaurerei. Ihre Rituale sind offener, sie verlangen kein Glaubensbekenntnis. Jeder Mann, gleich welchen Glaubens oder auch ganz ohne Glauben, kann Mitglied einer Loge werden.

Allerdings sollte er an ein „höheres Wesen" glauben. Hintergrund ist, dass die Freimaurer überzeugt sind, dass die Welt (der Kosmos) durchwaltet ist von Kräften und Gesetzen, dass sie also nicht zufällig entstanden ist. Unser Ziel ist es, diese Gesetze kennenzulernen, sich selbst kennenzulernen und beides (den Kosmos wie das Selbst) in Deckung zu bringen,

Dieses „höhere Wesen" umschreiben die Freimaurer mit dem Symbol des „Großen Baumeisters aller Welten". Das Symbol füllen sie aber nicht aus; dies ist jedem Mitglied individuell vorbehalten. Er kann sich hierunter einen Gott vorstellen, ein Prinzip oder auch ein Kräftefeld.

Nach der ersten Entscheidung: wie geht es weiter?

Wenn Sie die Möglichkeit haben, beide Lehrarten kennenzulernen und Sie nicht bereits eine der beiden für sich strikt ausgeschlossen haben, sollten sie Gästeabende dieser Logen besuchen – aus vielen Gründen, auf die wir noch eingehen werden.

Auch sollten Sie sich nicht davon abhalten lassen, in nahe gelegenen Orten Logen kennenzulernen, wenn eine Lehrart beispielsweise nicht in Ihrem Heimatort angeboten wird. Natürlich ist die örtliche Nähe einer Loge wichtig. Aber noch wichtiger ist, dass man in der Loge das findet, das man sucht. Und manchmal ist dies doch ein wenig weiter entfernt. Viele Brüder gehören nicht der nächst gelegenen Loge an, sondern einer weiter entfernten, weil sie dort „ihren" Weg gehen können.

Der richtige Tag

Der nächste Schritt ist sehr profan – aber wichtig. Alle Logen arbeiten an einem bestimmten Wochentag – wöchentlich oder zweiwöchentlich, aber es ist immer derselbe Wochentag. Wenn Sie an einem oder mehreren Abenden in der Woche in aller Regel keine Zeit haben, macht es keinen Sinn, sich einer Loge anzuschließen, die sich genau an diesem Wochentag trifft. In der Regel teilen die Logen in ihrer Homepage mit, wann sie sich treffen.

Der richtige Hintergrund

Auch wenn die AFuAM-Logen sich derselben Regularität unterworfen haben und nach denselben Prinzipien arbeiten, bedeutet dies nicht, dass sie die Freimaurerei in gleicher Weise verstehen. Auch wenn der Kern immer derselbe ist, so gibt es doch unterschiedliche Schwerpunktsetzungen, die sich teilweise auch in unterschiedlichen Ritualen ausdrücken.

So bemühen sich einige Logen vor allem um karitative Arbeiten und gesellschaftspolitisches Engagement, andere pflegen die Geselligkeit und wieder andere versuchen, den mystischen Schatz der Freimaurerei zu bewahren und zu pflegen.

Dies herauszufinden ist nicht ganz einfach, denn die Logen schreiben dies in aller Regel nicht in ihre Homepage. Letzte Klarheit kann hier nur der Besuch der Loge bringen.

Diese inhaltliche Frage sollten Sie nicht unterschätzen. Die Freimaurerei ist – wie sie es sagt – ein „Bund fürs Leben". Sie werden also sehr lange mit der „Ideologie", der Ausrichtung der Loge leben. Und das sollte schon passen – wobei es natürlich möglich ist, die Loge zu wechseln, wenn man das Gefühl hat, in einer anderen Loge besser aufgehoben zu sein. Dies gilt auch über die Lehrarten hinaus – Sie können also durchaus von einer GLL- in eine AFuAM-Loge wechseln oder umgekehrt.

Die richtige Gemeinschaft

Zentral für die Frage, ob Sie sich in der Freimaurerei wohlfühlen werden, ist aber die Gemeinschaft der Brüder einer Loge. Wichtiger als alle inhaltliche Arbeit ist es, in der brüderlichen Gemeinschaft Gleichgesinnte zu finden, mit denen man gerne Gespräche und Erfahrungen tauscht, Menschen, mit denen man gerne zusammen ist.

Dies gilt aber zunächst einmal nur im freimaurerischen Kontext. Die Wahrscheinlichkeit, persönliche Freunde zu finden, ist in einer Freimaurer-Bruderschaft so groß oder so klein wie in einem Sportverein oder einer Gruppe, mit der Sie Ihre Hobbies teilen.

Die Brüder kommen zusammen, um freimaurerisch zu arbeiten. Das heißt, sie schaffen einen Raum, in dem jeder einzelne (intellektuell beim Vortrag oder spirituell im Ritual) an seiner Vervollkommnung arbeiten kann. In diesem Kontext entsteht ein sehr enges, ja intimes Verhältnis zu den Brüdern.

Ob Sie aber darüber hinaus auch Privates preisgeben möchten, ob Sie aus Ihrem Beruf berichten möchten oder ob Sie auch weltliche Freundschaft schließen möchten, ist Ihnen ganz allein überlassen. Es ist durchaus möglich, jahrelang mit einem Bruder in der Freimaurerei auf das Engste zusammenzuarbeiten, ohne zu wissen, welchen Beruf er ausübt.

Dies hat nichts mit Interessenlosigkeit zu tun, sondern mit Respekt und der Tatsache, dass in der freimaurerischen Arbeit das „Profane" keinen Platz hat. „Profan" stammt vom lateinischen „pro fanum" ab und bedeutet „außerhalb des Tempels". Damit wollen die Freimaurer sagen, dass sie, sobald sich die Logentüren geschlossen haben, in einer eigenen Welt leben – wenn Sie so wollen, einer Idealwelt, in der Menschlichkeit und Brüderlichkeit über Hader, Hektik und Konkurrenzkampf stehen.

Das ist der Grund, warum es so wichtig ist zu prüfen, ob Sie das Gefühl haben, bei den Menschen gelandet zu sein, mit denen Sie diese Idealwelt teilen wollen. Und dies geht nur über die persönliche Begegnung.

Das ist die Kernaufgabe der „Gästeabende". Dort erhalten Sie nicht nur Antworten auf Ihre Fragen zur Freimaurerei, sie können nicht nur die Freimaurerei ein Stück weit erleben, Sie lernen vor allem die Menschen kennen, die in dieser Loge arbeiten. Fühlen Sie sich wohl, könnte es die Loge sein, in der Sie gerne mitwirken. Kommen Sie mit den Männern eher nicht klar, dann sollten Sie weiter suchen.

Was geschieht im Ritual?

Vieles von dem, was die Freimaurerei auszeichnet, findet sich auch in anderen Organisationen. Um ethische Fragen kümmert sich eine Unzahl von Gesprächskreisen und Diskussionsclubs, Hilfe zur persönlichen Weiterentwicklung (in der Regel psychologischer Natur) gibt es zu Hauf, mit esoterischen Angeboten werden wir nachgerade geflutet und karitative Ziele werden ebenfalls von einer Unzahl von Vereinen und Organisationen verfolgt, wobei die „Rotarier" den Freimaurern noch am nächsten stehen dürften.

In der Freimaurerei findet man all' diese Ziele wieder. Aber sie geht noch einen Schritt weiter, und dies ist ihr „Alleinstellungsmerkmal". Sie zelebriert Rituale.

Der Begriff des „Rituals" wird mittlerweile epidemisch eingesetzt – und fast immer falsch. Ein Ritual ist nicht etwas, dass wir immer tun (das ist eine Gewohnheit), es ist auch nicht das, was eine feste Form hat (das ist eine Zeremonie). Das Ritual geht über all' das hinaus. Es schafft einen besonderen Raum, eine besondere Zeit.

Ein Ritual ist eine Abfolge der immer gleichen Handlung mit immer gleichen Texten in einem immer gleichen Zusammenhang. Das hört sich „langweilig" an, und tatsächlich ist es nicht das Ziel eines Rituals, den Intellekt des Teilnehmers anzusprechen. Der schaltet sowieso nach einer Weile ab („kenne ich schon") – was sogar Ziel eines Rituals ist.

In einem freimaurerischen Ritual wird versucht, das „Idealbild" der Maurer in einem physischen Raum nachzubilden – mit einer Vielzahl von Symbolen, von symbolhaften Handlungen und in einer Symbolsprache. In diesem „Idealraum" soll der Teilnehmer zur Ruhe kommen, den Intellekt zurückfahren und seiner Seele, seinem Geist, Freiraum schaffen, um über den „Idealraum" mit den durch sie symbolisierten Sphären Kontakt aufzunehmen.

Der Raum, in dem sich dies abspielt, wird von den Freimaurern „Tempel" genannt. Der Ausdruck stammt aus dem Lateinischen und kann mit „Ausgeschnittenem" übersetzt werden: dieser Raum, diese Zeit ist ausgeschnitten aus der „Normalzeit", aus dem Alltag, aus der Profanität. Er stellt sich bewußt in eine andere Zeit- und Raumordnung.

Kann sich der Teilnehmer in diese Ordnung einfügen, kann er Eingebungen empfangen – keine intellektuellen, keine gefühlsmäßigen, aber geistige. In aller Regel bemerkt er dies nicht sofort, sondern erst später, wenn ihm zu einer Frage, die ihn beschäftigt hat, ein „Licht aufgeht", wenn ihm etwas „eingefallen" ist. Je nachdem, welche Frage er mit in das Ritual genommen hat (bewußt oder unbewußt), helfen diese „Einfälle", seine Persönlichkeit fortzuentwickeln – und/oder seinen Glauben zu stärken, je nachdem, wie er die Freimaurerei angeht.

Rolf Appel, einer der großen zeitgenössischen Freimaurer, hat dieses Phänomen in dem Satz zusammengefaßt „Man kommt immer anders aus dem Ritual hinaus, als man hineingekommen ist". Dies gilt unabhängig von der Zahl der Rituale, die man erlebt hat und unabhängig davon, ob man die Veränderung bereits unmittelbar nach Verlassen des Tempels bemerkt oder nicht.

Dies rituelle Arbeit ist das Herz der Freimaurerei, und die Maurer hüten sie wie ihren Augapfel. Sie wissen, dass dies der wichtigste, vielleicht sogar der einzige Grund ist, warum sie auf eine mittlerweile über 300jährige ununterbrochene Tradition zurückblicken können.

Das Erleben des Rituals und vor allem die Wirkung des Rituals ist so individuell, dass es niemandem gelingt, dies einem Außenstehenden vermitteln zu können. Sie ist das wahre Geheimnis der Freimaurerei. Vieles von dem, was sie aus anderen Gründen verborgen halten, läßt sich erkunden; das Geheimnis aber bleibt.

FAQ

Um die Freimaurerei ranken sich viele Geschichten und Gerüchte, es umweht sie noch immer der Ruch einer „Geheimgesellschaft“, die sich abschottet gegen den Blick der Öffentlichkeit. Wer sich aber selbst informieren möchte, anstatt blind den vorgefaßten Meinungen zu folgen, stellt verblüfft fest, dass die Freimaurerei sehr offen geworden ist.

Jedenfalls ist es heute nicht mehr so, dass sich die Freimaurer verstecken müßten, weil sie verfolgt würden, so wie es in früheren Jahrhunderten der Fall war. Sie können sich aber auch nicht auf dem Marktplatz präsentieren (auch nicht einem elektronischen), weil dies der inhaltlichen Arbeit und dem Selbstverständnis völlig zuwiderlaufen würde.

In diesem Spannungsfeld entstehen viele Fragen. Wir haben deshalb einige der häufig gestellten Fragen zusammenzutragen und versucht, Antworten zu geben.

Was ist das Geheimnis der Freimaurer?

Die Freimaurerei ist ein Bund zur Entwicklung der eigenen Persönlichkeit. Sie verfügt allerdings nicht über ein festgefügtes Lehrgebäude oder eine abschließende Philosophie. Sie hat lediglich „Leitplanken“ aufgestellt, vor allem Toleranz, Brüderlichkeit, Menschenliebe und den Glauben an Gesetze, die die Welt formen und bestimmen.

Innerhalb dieser Leitplanken ist jedem Freimaurer freigestellt, wie er an seinem Selbst arbeitet, wie er sich zur Vollkommenheit entwickelt (also seine Anlagen zur vollen Reife bringt). Er erhält hierzu allerdings permanent Impulse über Symbole, Gleichnisse, Mythen und Mahnungen.

Das zentrale und wirksamste Mittel hierzu ist das Ritual. In einem unveränderlichen, immer gleichen Ablauf werden die „Symbole in Bewegung gesetzt“ und können sehr intensiv auf den Menschen einwirken – je nachdem, wie sehr er dies zuläßt.

Dieses Erleben und die dadurch ausgelöste Entwicklung ist es, das die Freimaurerei im Kern ausmacht. Es liegt in der Natur der Sache, dass sich ein derart innerer Vorgang nicht erklären läßt – vor allem nicht gegenüber Außenstehenden. Dies und nur dies ist das Geheimnis der Freimaurerei.

Warum werden Rituale nicht öffentlich gezeigt?

Das Erleben eines Rituals bedarf der Vorbereitung. Unsere heutige Zeit tut sich schwer mit ruhigem Abwarten; der technische Fortschritt gaukelt uns die ständige Verfügbarkeit von allem zu jeder Zeit vor. Das aber ist unverträglich mit einem Ritual.

Ohne Kenntnisse, ohne ein bewußtes Sich-darauf-einlassen wäre ein Ritual eine alberne Abfolge von merkwürdigen Handlungen, die von einem unverständlichen Text und Männern in altmodischen Anzügen begleitet werden. Ein Ritual wendet sich ganz bewußt nicht nach außen, denn es will das Innen berühren.

Dies ist aber nur im Erleben möglich. Die gesamte Dramaturgie eines Rituals ist darauf ausgerichtet, eine würdevolle, sehr klar von der „profanen“ Welt abgegrenzte Atmosphäre zu schaffen, in der der Mensch möglichst losgelöst von Alltag und Sorgen zur Ruhe kommen und sich mit den kosmischen Gesetzen in Einklang bringen kann. Dies kann man nicht zeigen, sondern nur erleben.

Dieses Beharren auf der Intimität und dem höchstpersönlichen Erleben ist eine Zumutung in einer Zeit, in der alles und jederzeit öffentlich ist. Aber nur so kann Ritual funktionieren. Aus diesem Grund können sich die Tempeltüren nur denjenigen öffnen, die sich nach bewußter Entscheidung darauf einlassen, etwas „aus der Zeit Gefallenes“ zu tun.

Kann man Freimaurerei „probeweise" kennenlernen?

Freimaurerei wirkt auf das Innere des Menschen. Dies bedarf der Vorbereitung, des Sich-darauf-Einlassens und der Zeit. Dann entfaltet die Freimaurerei ihre Kraft, bietet sie dem Bruder das an, was er gesucht hat.

Ein solches Vorgehen ist unvereinbar mit einem „Hineinschnuppern". Dann würde nicht nur der Weg zur „wahren" Freimaurerei gar nicht gefunden (weil dieser eben Zeit und „Arbeit" erfordert), es wäre auch gar nicht möglich, zu erfahren, ob dieser Weg der richtige für seine Entwicklung sein könnte, weil man sich nicht wirklich darauf einläßt, sondern nur „schnuppern" möchte. In einem solchen „Setting" würde die Freimaurerei immer verlieren.

Deshalb bleiben zum Kennenlernen nur die Gästeabende. Sie sind allerdings so gestaltet, dass in sehr wichtige Elemente der Freimaurerei (wie arbeitet die Loge, wie sind die Brüder) ein sehr guter Einblick gewährt wird. Gästeabende gewähren einen guten Einblick in die Freimaurerei und die Logen – und sie können beliebig häufig besucht werden. Niemand drängt einen Gast, sich nun mal endlich zu entscheiden. Viele Freimaurer verharrten jahrelang im Stadium des „Suchenden", bevor sie sich zum Beitritt entschlossen haben.

Dieser kann aber nur nach dem Motto „ganz oder gar nicht" geschehen. Alles andere wäre mit dem Wesen der Freimaurerei unvereinbar.

Ist Freimaurerei eine Kirche oder eine Sekte?

Die Freimaurerei mischt sich nicht in die persönlichen Belange ihrer Mitglieder ein. Sie verlangt auch keinen Gehorsam gegenüber den Brüdern, die in verantwortliche Positionen der Loge oder Großloge gewählt wurden. Und sie hat – vor allem im Kontext der

AFuAM-Freimaurerei – kein Lehrgebäude, dessen Erfüllung verlangt würde. Sie ist also noch nicht einmal ansatzweise eine Sekte.

Die Freimaurerei verlangt von jemandem, der beitreten möchte, an ein „höheres Wesen" („supreme beeing") zu glauben. Nur so läßt sich der Zweck der Freimaurerei erfüllen. Denn das Ziel der Freimaurerei ist die Entwicklung eines vollkommenen Menschen - also eines Menschen, der seine Anlagen zur vollkommener Reife gebracht hat -, damit dieser ein Stein werde im Tempel der Humanität.

Entwicklung braucht aber Rahmen und Ziel. Beides entspringt einer Ordnung, die unsere Welt und uns selbst gleichermaßen durchwaltet. Dieser Kosmos (=griechisch „Ordnung") ist also konstitutiv für unser Leben und uns selbst. Wer sich entwickeln will, muß diese Konstitution, diese Ordnung, die Gesetze kennen – und vor allem anerkennen. Wir sind, so sagt es die Freimaurerei, kein „Spielball willkürlichen Zufalls".

Deshalb ist es notwendig, davon überzeugt zu sein, dass es eine Gewalt gibt, die „über" dem Irdischen existiert und diese durchdringt. Als Symbolwort hierzu haben die Freimaurer den „Großen Baumeister aller Welten" geschaffen. Sie lassen aber offen, wie der einzelne Bruder dieses Symbol füllt: es kann ein Gott sein, es kann eine alles durchdringende Kraft sein, es kann ein Bündel überirdischer Gesetzmäßigkeiten sein.

Freimaurerei ist also auch keine Kirche, denn jene hat ein festes Lehrgebäude, an das der Gläubige gebunden ist. Die Freimaurerei hat dies nicht – mit Einschränkungen im Orden (GLL).

Ist Freimauerei eine Religion?

In der Öffentlichkeit wird Religion häufig mit Kirche gleich gesetzt. Diskussionen über religiöse Themen bringen in aller Regel an das Licht, dass die Ablehnung sich nicht gegen religiöse Inhalte richtet, sondern gegen Dogmatismus und Scheinheiligkeit der verfaßten Amtskirchen. Religion und Kirche sind also unterschiedliche Dinge.

Das Wort „Religion“ stammt aus dem lateinischen „religare“ und heißt „(Rück-)Bindung“. Damit ist also ausgesprochen, dass der Mensch an etwas angebunden ist, das über dem Irdischen existiert. Ein religiöser Mensch versucht diese Anbindung zu finden und sie wirksam werden zu lassen.

Unter dieser Prämisse hat die Freimaurerei religiöse Inhalte. Denn konstitutiver Bestandteil der freimaurerischen Überzeugungen ist, dass es einen „Großen Baumeister aller Welten“ gibt. Hinter diesem Symbolwort wird eine Kraft verstanden, die den Kosmos, also die Ordnung der Welt, durchwaltet. Die Welt, so glauben es die Freimaurer, ist nicht „zufällig“ entstanden.

Allerdings ist es jedem Freimaurer (in den AFuAM-Logen) vollkommen freigestellt, das Symbol des „Großen Baumeisters“ mit seinen persönlichen Überzeugungen zu füllen. Der Eine mag darin in der Tat einen Gott sehen (unter welchem Namen auch immer), der Andere sieht physikalische Gesetze wirken (auch wenn diese noch nicht alle Fragen beantworten können), der Dritte mag an ein spirituelles Kräftefeld glauben. Die freimaurerische Symbolik und die darin eingebettete Arbeit gibt all‘ diesen Glaubensinhalten Raum.

Das einzige, was sie nicht vermag, ist demjenigen Menschen etwas zu bieten, der ein „bindungsloser Freigeist“ ist, wie es in den alten „Konstitutionen“ der Freimaurer heißt. Denn dieser Mensch muß notwendigerweise an Zufälle glauben, vermag keine alles umfassende Ordnung zu erkennen und wird nur schwer einen Sinn darin finden, zum Stein eines „Tempels der Humanität“ werden zu wollen – in einer sinnlosen Welt wäre auch dieser sinnlos.

Warum dürfen Frauen keine Freimaurer werden?

Die Freimaurerei steht auch Frauen offen. Es gibt mittlerweile in allen Lehrsystemen Logen, in denen Frauen freimaurerisch arbeiten. Die „reguläre“ Freimaurerei erkennt Frauenlogen zwar an (die ebenfalls eine Dachorganisation, also eine Großloge haben).

Aber es ist den Brüdern nicht erlaubt, auf „freimaurerischer Basis" mit den „Schwestern" zusammen zu arbeiten. Dies trifft also im wesentlichen auf das Ritual zu: Frauen und Männer dürfen nicht gemeinsam ein Ritual zelebrieren. Im übrigen ist der Austausch möglich und wird auch viel praktiziert.

Strikt allerdings ist das Verbot, in „gemischten Logen" zu arbeiten. Das betrifft Logen, in denen sowohl Männer als auch Frauen Mitglied sind. Solche Logen werden als „irregulär" oder „Winkellogen" bezeichnet. Auch sie haben eine Großloge, die sich international sehr stark engagiert.

Warum diese Verbote? Fragt man Freimaurer und Freimaurerinnen, dann wird nicht selten als erstes genannt, dass es den Zielen der Freimaurerei gut tut, sie in „geschlechter-reinen" Logen anzustreben. Sowohl Brüder als auch Schwestern bekennen, dass der Umgang ein anderer ist, wenn nur Männer oder nur Frauen im Raum zusammen sind.

Das mag nicht ganz falsch sein, aber der wesentliche Grund für diese Trennung liegt im Ritual. Die der regulären Freimaurerei zugehörigen Rituale pflegen eine Symbolik, die darauf ausgerichtet ist, von dem männlichen Prinzip ausgeübt zu werden. Diesem liegt altes esoterisches Wissen zugrunde.

Männliche und weibliche Kräfte gehören zu den großen Gegensatzpaaren, die unsere Welt auszeichnet, in der alles in zwei Seiten aufgespalten ist. Aufgabe des Freimaurers ist es, diese Gegensatzpaare zu erkennen und sie „auf einer höheren Ebene zur Deckung zu bringen", wie es in einem Ritual heißt. Damit soll ausgedrückt werden, dass er jeweils beide Seiten eines Dinges, eines Phänomens, einer Kraft erkennen und an-erkennen soll. Damit verschwinden sie nicht, aber er bringt sie in einen Ausgleich. In dieser Harmonie sind die Gegensätze dann „auf einer höheren Ebene" aufgehoben.

Dies wird im Ritual nachgebildet und nachempfunden. Das männliche Prinzip – symbolisiert durch die Brüder – begibt sich in einen rituellen Raum und eine rituelle Zeit, die ein Gefäß darstellt, um mit dem Kosmos in Berührung zu kommen. Das Gefäß ist ein weibliches Symbol. Durch die Harmonie zwischen den das Ritual ausführenden Männern und dem zum Weiblichen gehörenden Ritual selbst wird der große Ausgleich herbeigeführt, wird für die Zeit des rituellen Erlebens ein harmonischer Raum geschaffen.

Eine gemeinsame Arbeit von Männern und Frauen bedürfte also eines anderen Rituals, in dem die männlichen und weiblichen Prinzipien anders eingebracht werden müßten. Solange die reguläre Freimaurerei mit den tradierten Ritualen arbeitet, ist sie auf Männer zugeschnitten und „funktioniert" nur in diesem Rahmen.

An dieser Stelle beißen sich die alten Traditionen der Freimaurerei mit der „alles-ist-möglich"-Haltung der Moderne. Die Freimaurerei wird diese Haltung zwar immer tolerieren, aber niemals übernehmen können. Denn das Beliebige ist das genaue Gegenteil der Grundlagen, auf der die „Königliche Kunst" fußt: sie ist der Überzeugung, dass die Welt eben gerade nicht beliebig ist, sondern von Strukturen geschaffen und beeinflußt wird, in die wir uns zu stellen haben, wollen wir uns zur „Vollkommenheit" fortentwickeln.

An einer anderen Stelle hat die Freimaurerei aber die Konsequenz dieser Haltung zu tragen. Alle Logen sind auf der weltlichen Ebene als Vereine organisiert. Und obwohl die Ziele der Freimaurerei es ohne weiteres zuließen, dass sie als gemeinnützig anerkannt werden könnten, wird dies verwehrt – da sie rechtlich das jeweils andere Geschlecht „diskriminieren".

Welche Politik verfolgen die Freimaurer?

Der Gründungsmythos der Freimaurerei ist eng verknüpft mit Forderungen nach Gedankenfreiheit und Humanität. Die Bauhütten des Mittelalters waren „herrschaftsfreie" Räume, denn die begehrten Spezialisten genossen einige Privilegien. So waren sie nicht an die Zunftgrenzen gebunden wie andere Handwerker, und in Ihren Bauhütten verfügten sie über einen geschützten Raum, der auch von Staat und Kirche geachtet wurde – man war halt auf sie angewiesen.

Die Baumeister der Kathedralen besaßen nicht nur handwerkliches, sondern auch großes Wissen in mystischen Fragen. Schließlich bauten sie vor allem sakrale Gebäude, in denen hermetische Prinzipien zu beachten waren.

In den Bauhütten wurde also in vielerlei Hinsicht gefachsimpelt – auch zu spirituellen und gesellschaftspolitischen Fragestellungen. Das machte sie – wohl beginnend im 17. Jahrhundert – attraktiv für Außenstehende, die sich ebenfalls mit diesen Fragen auseinandersetzen wollten. Zwar gewährte die Renaissance dem Diskurs durchaus großen Raum, dieser war aber immer noch beschränkt durch kirchliche Dogmen und staatliche Verbote. In den Bauhütten galt beides nicht.

Aus diesem Grund steht auch die politische Auseinandersetzung am Beginn der Freimaurerei und gehört zu ihrer DNA. Dies gilt bis auf den heutigen Tag. Allerdings hüten sich Freimaurer, partei-politische Diskussionen zu führen. Sie sind – ebenso wie amtskirchliche Streitfragen – in den Logen verpönt.

Deshalb gibt es auch keine „Politik der Freimaurer". Zwar treten sie für Humanität, Freiheit und Menschenrechte ein, aber deren Umsetzung in konkrete Politik obliegt jedem einzelnen Bruder. Keine Loge und auch keine Großloge wäre legitimiert, im Namen der Brüder politische Standpunkte zu vertreten, die über die genannten allgemeinen Grundsätze hinausgingen.

Sind Freimaurer Verschwörer?

Attraktion und zugleich Problem der Freimaurerei ist ihre Verschwiegenheit. Das bietet vielfältige Möglichkeiten, Gerüchte zu streuen. Am beliebtesten ist der Vorwurf, die Freimaurer erstrebten die Weltherrschaft, wollten Herren der Welt sein.

Das stimmt sogar, aber sie meinen etwas anderes, als mit diesem Vorwurf angesprochen wird. Ein Freimaurer will – wie jeder andere Mystiker auch – die Welt insofern beherrschen, als dass er sich von ihr so unabhängig wie möglich machen möchte. Er will nicht ausschließlich von irdischen Dingen beherrscht werden, sondern sich darauf konzentrieren, den Geist und die Verbindung in das Transzendente zu entwickeln.

Das bedeutet nicht, dass ein Freimaurer sich vom Irdischen abwendet, ganz im Gegenteil. Für ihn gilt in ganz besonderem Maße, den irdischen Anforderungen nachzukommen, und auch die irdischen Genüsse zu leben, aber trotzdem die Wertigkeit dieser Dinge gegenüber den geistigen Errungenschaften nicht zu vergessen.

Wer dies tut, erfüllt seine irdischen Verpflichtungen, weiß aber, dass darin nicht die komplette Erfüllung steckt. Er genießt die Früchte des Lebens, ist sich aber über deren Vergänglichkeit im Klaren. So gründet er sich mehr und mehr im Geistigen, und automatisch verlieren die weltlichen Dinge ihre existenzielle Aufladung. Er hat sich vom Irdischen unabhängiger gemacht, er beherrscht die Welt.

Viele der gegen die Freimaurerei gerichteten Verschwörungstheorien beruhen auf solchen Mißverständnissen. Bezeichnend war, dass der Bestseller-Autor Dan Brown ein Buch über die Freimaurerei mit den Worten ankündigte, er werde die wahre Geschichte erzählen. Vor allem die Freimaurer sahen der Veröffentlichung des Buches mit Sorgen entgegen, weil sie befürchteten, sich wieder mal mit den üblichen Verschwörungsmythen auseinandersetzen zu müssen. Doch als 2009 „Das verlorene Symbol" erschien, staunten sie nicht schlecht: Im Epilog des Buches hält Dan Brown eine wahre Eloge auf die Königliche Kunst. So etwas passiert, wenn man sich ernsthaft mit der Freimaurerei auseinandersetzt.

Kann ich mich auf die Verschwiegenheit verlassen?

Freimaurerei war und ist nicht immer uneingeschränkt möglich. Es gab in nahezu allen Ländern Zeiten, in denen sie unterdrückt oder verboten war. Und selbst dort, wo sie nicht offiziell verfolgt wird, führt sie häufig ein Schattendasein. Da der Normalbürger nicht weiß, was Freimaurer tun und allenfalls Sensationsnachrichten zur Kenntnis nimmt, ziehen es viele Brüder vor, ihre Mitgliedschaft im Bruderbund nicht bekannt zu machen.

Dies wird von der Freimaurerei unterstützt. Es gilt der eherne Grundsatz, dass niemals ein Freimaurer die Mitgliedschaft eines anderen Bruders bestätigen würde. Dies ist einzig und allein das Recht des jeweils Betroffenen.

Die Verschwiegenheitsverpflichtung geht aber noch weiter. Was in einer Zusammenkunft von Freimaurern besprochen wurde, verläßt niemals den Raum. Gleich, ob ein Bruder von seinen Sorgen und Nöten berichtet hat oder ob ein Thema aus unterschiedlichsten Perspektiven betrachtet wurde – jeder Freimaurer kann sicher sein, dass das, was er gesagt hat, nicht weitergetragen wird.

Diese Haltung scheint in der heutigen Zeit nachgerade unglaubwürdig zu sein, aber jedem Maurer ist bewußt, dass ihre Beachtung konstitutiv ist für die Existenz der Freimaurerei. Der enge Austausch, die gemeinsame Arbeit am jeweils eigenen rauhen Stein, sprich die gesamte Freimaurerei wäre nicht möglich, wenn alles, was in den Logen geschehen und besprochen würde, sofort den Weg nach draußen fände. Insofern wird die Verschwiegenheit strikt beachtet. Sie gilt auch gegenüber anderen Logen.

Natürlich besitzen auch Freimaurer keinen perfekten Charakter – sie sind ja gerade deshalb in den Bund eingetreten, weil sie dies für sich erkannt haben. Und deshalb „menschelt" es durchaus immer wieder in den Logen. Aber die Freimaurerei besitzt wie wenig andere Organisationen Werkzeuge, um solche Auseinandersetzungen rasch, friedlich und für alle Seiten akzeptabel zu beenden. Fast immer.

Welche Pflichten erwarten mich, wenn ich Freimaurer werde?

Durch den Beitritt in eine Freimaurer-Loge wird man zunächst einmal ganz profan Mitglied in einem Verein. Wie jeder andere Verein, verlangt auch die Loge, den Verein nicht zu schädigen, mitzuwirken und einen Beitrag zu entrichten. Dieser Beitrag wird von jeder Loge individuell festgelegt. Er kann sehr unterschiedlich sein, je nachdem, welche Kosten die Loge zu tragen hat.

Daneben ist die Freimaurerloge aber auch innerhalb der „Freimaurerwelt“ eine eigene Rechtsform. Die reguläre Freimaurerei von AFuAM besitzt eine „Freimaurerische Ordnung“ mit einer Reihe von „Gesetzen“, in denen die inhaltlich-brüderliche Arbeit strukturiert ist.

Darin geht es um Fragen, wie Logen aufgebaut sein sollen, wie sie ihre Arbeiten strukturieren sollen, wie die Großlogen-Organisation aussieht und manches mehr. Es steht allerdings nicht das Geringste darin, das in Rechte eines Bruders eingreifen würde.

Der Freimaurer übernimmt keinerlei Verpflichtungen einer Ideologie oder einer bestimmten Amtsperson gegenüber. Er hat zwar bei jeder Initiation einen Eid abzulegen, aber dieser bezieht sich auf inhaltliche Fragestellungen, vor allem auf die Einhaltung der Grundsätze von Brüderlichkeit, Toleranz und der Verschwiegenheit.

Die Loge erwartet durchaus, dass die Brüder zu den Logenabenden kommen oder sich entschuldigen, wenn es einmal nicht möglich ist. Diese Haltung ist vor allem den dargestellten Prinzipien der Freimaurerei geschuldet: Freimaurerei ist Tat. Wer nicht kommt, kann nicht tätig werden und läuft damit Gefahr, die Freimaurerei nicht zu verstehen und damit auch das Interesse an ihr zu verlieren.

Wenn ein Bruder die Grundzüge der Freimaurerei gelernt und einige Erfahrungen gesammelt hat, wird zudem erwartet, dass er sich im Rahmen seiner zeitlichen Möglichkeiten in der Loge engagiert. Die Loge kann nur funktionieren, wenn es Brüder gibt, die sich um einzelne Aspekte der Logenarbeit kümmern: ganz praktisch Sekretärs- oder Schatzmeisteraufgaben, aber auch rituelle Ämter.

Weitere Verpflichtungen kennt die Freimaurerei nicht. Insbesondere wird weder verlangt, Nachlässe zu übertragen, noch gibt es Vorschriften für das private Leben. Der Bruder soll sich zwar

„im Leben als Freimaurer bewähren", aber wie er dies tut, ist allein seine Entscheidung.

Wieviel Zeit muß ich investieren?

Solange ein Bruder kein Amt übernommen hat, beschränkt sich der zeitliche Aufwand auf den wöchentlichen oder zweiwöchentlichen Logenabend und die eine oder andere Sonderveranstaltung. Hinzu kommt natürlich das nach eigener Wahl und Ermessen betriebene „Haus-Studium", also das Lesen freimaurerischer Literatur.

Wenn ein Bruder ein Amt übernimmt, wächst natürlich der zeitliche Bedarf – sehr abhängig vom Amt. So hat ein Sekretär vergleichsweise viele Arbeiten zu erledigen, während der Zusatzaufwand eines „reinen" Ritualbeamten überschaubar ist. Will man in der „Freimaurer-Hierarchie" weiter aufsteigen und im Distrikt oder auf der Bundesebene mitarbeiten, kann das Amt durchaus größere zeitliche Dimensionen beanspruchen. Freimaurer sind für gewöhnlich „Leseratten".

Generell gilt, dass niemand gezwungen wird, sich zu engagieren. Allerdings bemerkt jeder Bruder vergleichsweise rasch, dass er die Freimaurerei besser und tiefer kennenlernt, wenn er ein Logenamt übernimmt. Es ist wie beim Erwerb mystischen Wissens: je mehr man erfährt, um so mehr will man mehr wissen.

Wie werde ich Freimaurer?

Schon der Beitritt zur Freimaurerei entspricht der speziellen Form dieses Bundes: man kann nämlich nicht einfach beitreten. Wer Freimaurer werden will, benötigt einen Bürgen; zudem wird über seinen Antrag in der Bruderschaft abgestimmt. Dies alles geschieht ritualhaft und bindet den Aufnahmeprozeß damit schon in die Ritualarbeit ein.

Zudem sollte jeder Interessent seinen Beitrittswunsch gründlich überdenken. Deshalb wird ihm angeraten, vor einer Antragstellung möglichst viele Gästeabende zu besuchen und dies auch bei unterschiedlichen Logen.

Entschließt er sich, Freimaurer werden zu wollen und hat er eine passende Loge gefunden, benötigt er einen Bürgen. Dieser Bruder begleitet ihn nicht nur im Aufnahmeprozeß, sondern in den ersten Jahren, bis er in den Meistergrad initiiert worden ist. Der Interessent – den die Freimaurer „Suchender" nennen – stellt, wenn seine Selbst-Prüfung den Beitrittswunsch bestätigt hat, einen schriftlichen Antrag bei der Loge, den der Bürge bestätigt.

Danach laufen zwei Stränge parallel: zum einen wird die Bruderschaft über den Aufnahmewunsch informiert. Eventuelle Einwände gegen eine Mitgliedschaft des Suchenden müssen in einer bestimmten Frist vorgebracht werden. Zum anderen wird der Suchende von einem „Aufnahmeausschuß" eingeladen. Dort erhält er weitere Informationen zur Freimaurerei, verbunden mit der nochmaligen Bitte, alles gut zu überdenken.

Viele Logen bitten den Suchenden auch um ein gemeinsames Gespräch mit der Partnerin. Damit soll gesichert werden, dass die Partnerin mit der Entscheidung ihres Partners einverstanden ist. Auch lassen sich auf diesem Wege eventuelle Vorurteile gegenüber der Freimaurerei ausräumen.

Gibt es keine Einwände gegen eine Mitgliedschaft, wird im Ritual über den Beitritt abgestimmt. Dies ist keine Abstimmung, wie man sie aus dem profanen Leben kennt, sondern ein eigener Ritual-Bestandteil. Wird der Aufnahme zugestimmt, wird der Suchende zu seinem Aufnahmeritual eingeladen.

Am Abend der Aufnahme wird der Suchende von seinem Bürgen zu Hause abgeholt und in das Logenhaus gebracht. Er wird dort Stunden erleben, die er nicht wieder vergessen wird. Das kraftvolle, symbol- und inhaltsreiche Ritual der Aufnahme ist ein überwältigendes Erlebnis, ohne zu überwältigen. Es spricht alle Sinne und den Geist an und ist so vielgestaltig und tiefgründig, dass man seine Facetten erst nach vielem Erleben (dann natürlich als Bruder) begreift. Die ganze Kraft und die ganze Schönheit der

Freimaurerei sind in diesem Ritual gebündelt. Es gibt keinen Bruder, der seine Aufnahmearbeit nicht fest in Herz und Erinnerung eingeschlossen hätte.

Links

Es ist heute üblich geworden, sich umfassend im Internet zu informieren. Hierauf hat sich die Freimaurerei eingerichtet und trotz aller Probleme versucht, ein im Rahmen des Möglichen ein umfassendes und ansprechendes Informationsangebot aufzubauen. Allerdings gilt es, vor einer Internet-Recherche drei Dinge zu beachten:

- Die Zahl der unseriösen oder schlicht blödsinnigen „Informationen" zur Freimaurerei im Internet ist deutlich höher als das seriöse Angebot. Neben den altbekannten Verschwörungsgeschichten findet sich auch vieles, das schwärmerisch überzeichnet bis hin zu völligen Spinnereien.
- Da „Freimaurerei" keine Bezeichnung ist, die sich schützen läßt, findet sich unter dieser Bezeichnung auch vieles, das nur von ganz wenigen Menschen getragen wird. Dieses Feld ist unüberschaubar – und offen gestanden lohnt es nicht, es durchzupflügen. Bevor man sich mit irgendeinem abseitigen oder kunstvollen Seitenast beschäftigt, sollte man erst den Baum kennenlernen.
- Aber auch seriöse Angebote können im Internet nur das präsentieren, das nicht dem Verschwiegenheitsgebot unterliegt. Wir hatten es in unserem Buch ausgeführt: das wahre Geheimnis der Freimaurerei findet sich nur im Erleben des Einzelnen. Wer Freimaurerei ernst nimmt, wird das immer respektieren.
- Man sollte sich vor einem Beitritt zur Freimaurerei aber auch nicht zu sehr „schlau machen" wollen. Zum einen ist Freimaurerei recht breit angelegt und es benötigt Hilfe, um die Wege zu ihrem richtigen Verständnis zu finden. Zum anderen sollte man sich das Erleben der Freimaurerei nicht dadurch beeinträchtigen, dass man zu viele theoretische Informationen zusammenträgt, bevor man sich der Königlichen Kunst aussetzt.

Unter diesen Prämissen ist die folgende kommentierte Linkliste entstanden. Sie ist nicht sehr groß. Denn Freimaurerei will gelebt werden.

Nahezu alle Freimaurerlogen haben mittlerweile eigene Webseiten. Nicht immer sind diese über eine „google-Suche" zu finden. Eine Übersicht läßt sich aber über die offizielle Homepage der Großlogen finden.

Bei der Großloge der „Alten Freien und Angenommenen Maurer von Deutschland" (AFuAM – www. freimaurerei.de) geht dies über die Distrikte (https://www.freimaurerei.de/distrikte). Man muß also zunächst eine der dort aufgeführten Distrikte anwählen und findet dort die Links zu den Logen des betreffenden Distrikts.

Die Logen der „Großen Landesloge" (GLL – www.freimaurerorden.de) sind zentral aufgeführt und unter https://freimaurerorden.de/unsere-logen-2/ zu erreichen.

Auf diesen Seiten der Großlogen und der Seite der „Vereinigten Großlogen von Deutschland" (VGL - https://www.freimaurer.org) finden sich allgemeine Informationen zur Freimaurerei. Da die VGL als Dachorganisation der (regulären) Großlogen in Deutschland fungiert, finden sich dort auch die Links zu den anderen Großlogen.

In der Schweiz ist die Großloge zu erreichen unter http://www.grandeloge-alpina.ch, in Österreich unter https://freimaurerei.at (AfuAM-Ritus). In diesen beiden Ländern gelten strengere Verschwiegenheitsregeln als in Deutschland. So lassen sich Homepages der einzelnen Logen (sollten diese eine unterhalten), nicht direkt über die Großlogen-Seiten erreichen. Ein Interessent muß die Großloge anschreiben, die dann weitervermittelt.

Die regulären Logen für Freimaurerinnen sind unter der Großlogen-Adresse https://www.freimaurerinnen.de/ auffindbar. Dort finden sich auch weitere Links.

Allgemeine Informationen zur Freimaurerei sind in seriöser Form bei „Freimaurer-Wiki" zu erhalten: https://freimaurer-wiki.de. Dieses Spezial-Wiki ist der Initiative des Freimaurers und Künstlers Jens Rusch zu verdanken und ist – wie es sich für ein

Wiki gehört – unabhängig von jeder Großloge. Deshalb findet sich dort ein sehr breites Informations-Angebot.

Bei allen weiteren Seiten, in denen über Freimaurerei berichtet wird, sollte man vorsichtig sein. In aller Regel ist es völlig ausreichend, mit dem Wissen einer „offiziellen" Freimaurer-Homepage Kontakt zu einer Loge aufzunehmen.

Dieselbe Empfehlung gilt für Bücher. Bevor man sich das erste Freimaurer-Buch anschafft, sollte man hierüber mit der kontaktierten Loge gesprochen haben. Vieles, das in den Medien als gute Lektüre angeboten wird, führt in Wahrheit in die Irre.

Anschauliches Beispiel hierfür ist der Bestseller „Freimaurer – Der mächtigste Geheimbund" von John Dickie. Der britische Historiker erzählt zwar spannend und leidlich korrekt viele Geschichten aus der Freimaurerei, aber nichts über die Freimaurerei. Ein Interessierter wird nach der Lektüre eines solchen Buches bestenfalls nicht schlauer geworden sein, schlimmstenfalls hat er sich einen Berg von Vorurteilen aufgeladen.

Die Empfehlung eines Freimaurers ist also in jedem Fall vorzuziehen.